No

Books by Idea Vilariño

La suplicante
Cielo cielo
Nocturnos
Poemas de amor
Pobre mundo
Poesía
No
Canciones

Translations by María José Zubieta

El hombre que miraba el cielo (The Man Who Gazed at the Sky), by Jenaro Talens

Todo cuerpo es tótem: Antología poética, Every Body Is Totem: Anthology, by José Watanabe

And a Woman Walked and Walked and Walked: The Poetry of Julia Uceda

No

Idea Vilariño

Translated from Spanish by María José Zubieta

Carnegie Mellon University Press
Pittsburgh 2025

The author would like to thank the NYU Institute for the Humanities for their support in the publication of this translated work.

Book design by Connie Amoroso

Library of Congress Control Number 2025931902
ISBN 978-0-88748-720-0
Copyright © 2025 by María José Zubieta
All rights reserved
Printed and bound in the United States of America

10 9 8 7 6 5 4 3 2 1

Introduction

On a trip to Montevideo after several years of living abroad, an uncle took me to a bookstore on 18 de Julio Avenue and bought me the books *Nocturnos, Poemas de amor, Pobre mundo,* and *No* by Idea Vilariño. He told me that she was the best Uruguayan poet and that since I was a literature student, I had to read everything she had written. To this day, I remember the gift very fondly because of the impact the four collections of poems had on me and because of how well-versed in Uruguayan poetry my uncle Artigas turned out to be. As I read on the plane back to Los Angeles, the city where I lived at the time, the verses seemed to speak to me personally. Many years later I was told that Vilariño is the benchmark for all Uruguayan poets and, although I cannot confirm that conclusive statement, she clearly became mine.

Idea Vilariño belonged to the Generation of 45, along with Juan Carlos Onetti, Ida Vitale, Amanda Berenguer and Mario Benedetti, among other prominent Uruguayan writers. At the end of that decade, Uruguay was at the height of an economic boom favored by World War II, and its political stability, strong democracy, and robust financial system led the *New York Times* to recognize it as "the Switzerland of America" in 1951. In the cultural landscape, this bonanza gave way to the emergence of numerous publishing houses and literary magazines with great ties to global culture.

The Generation of 45 was characterized by distancing itself from the Uruguayan literature that preceded it, in search of a more urban and cosmopolitan literature with foreign intellectual referents. It was also a generation of intellectuals that harshly questioned Uruguay, comfortably anchored in its myth as a model country, through a nihilistic existentialism that echoed the postwar European existentialists. Vilariño's poignant depiction of the human condition destined to pain and death makes her an unmistakable representative of this cultural movement.

I decided to translate *No* because it conveys the sharpness and poise of a mature poet, and because she refines the style and many of the themes of her previous books. In my opinion, *No* is the masterpiece of Idea Vilariño; the book functions as a recapitulation of everything she had written and, furthermore, it has "the weight of her last word," as Rosario Peyrou has said. *No*'s poems are surprisingly short and syncretic, numbered and without punctuation. They are also existentialist poems and, as the title implies, they are a denial of life, joy, and love. But it is precisely from that denial that the tenacity of the poetic voice arises to exist and be heard, as a counterweight to its nihilism. For all this, it was a very difficult book to translate.

To achieve my version in English I had to take into account the thematic density and musicality of each poem. I think it is important to clarify that I use the possessive pronoun because every translation is the product of the translator's interpretation of the text and, therefore, it will only be an attempt to say in another language what the author meant in the original. The first version of the translation was made with the Venezuelan poet Manuel Fihman. We spent six months scrutinizing the meaning of each word in the original to give it an English equivalent. Manuel could not continue the translation with me after that first version, unfortunately, and it took several months until I began the editing process. As a first step, I read each poem aloud in Spanish, and immediately after, its English version, to make sure I had achieved the meaning and rhythm. After I finished all the poems, I was not satisfied, so I decided to ask my friend, J. Martin Daughtry, to help me. Martin doesn't speak Spanish but he is a musicologist and a poet, endowed with a wonderful musical ear. Working with Martin was almost like composing a piece of music because he wanted to hear the original out loud to understand the rhythm and tempo of each verse and thus find a similar version in English. After about six months of work, meeting in a cafe in the Village in New York, we were finally satisfied with the final version.

I feel fortunate to have translated Idea Vilariño, and to have had the collaboration of invaluable friends such as Manuel and Martin, because it seems crucial to me that her Uruguayan and universal poetry have more visibility in the English-speaking world. Translating her poems is the greatest honor I can do to Vilariño, who was not only a great poet but also dedicated many hours of her life to translating into Spanish other great authors. I hope that my translation encourages more people to continue studying and translating her.

Introducción

En un viaje a Montevideo tras varios años de vivir fuera del país, un tío me llevó a una librería en 18 de Julio, me compró *Nocturnos, Poemas de amor, Pobre mundo y No* de Idea Vilariño y me dijo que era la mejor poeta uruguaya y que como yo era estudiante de literatura, tenía que leer todo lo que había escrito. Hasta el día de hoy recuerdo con arrobo ese regalo por el impacto que los cuatro poemarios tuvieron en mí y por lo versado en poesía uruguaya que resultó mi tío Artigas. Mientras leía en el avión de vuelta a Los Ángeles, la ciudad donde vivía en aquel entonces, los versos parecían hablarme solamente a mí. Muchos años después me dijeron que Vilariño es el referente de todos los poetas uruguayos y, a pesar de que no puedo constatar esa declaración contundente, sin duda, se convirtió en el mío y lo sigue siendo.

Idea Vilariño perteneció a la Generación del 45, junto a Juan Carlos Onetti, Ida Vitale, Amanda Berenguer y Mario Benedetti, entre otros destacados escritores uruguayos. A fines de esa década Uruguay se encontraba en el pico de un auge económico favorecido por la Segunda Guerra Mundial, y su estabilidad política, solidez democrática y robusto sistema financiero habían llevado al New York Times a reconocerlo como "la Suiza de América" en 1951. En el ámbito cultural esta bonanza se tradujo en el surgimiento de numerosas editoriales y revistas literarias con mayores vínculos con la cultura global. La generación del 45 se caracterizó por distanciarse de la literatura uruguaya que la precedía en busca de una literatura más urbana y cosmopolita, con referentes intelectuales foráneos. Fue además una generación de intelectuales que cuestionó duramente al Uruguay de sus tiempos, cómodamente instalado en su mito de país modelo, y que hizo eco del existencialismo nihilista que se imponía en la Europa de posguerra. Vilariño es una cabal representante de este movimiento cultural, por su desgarradora representación de la condición humana destinada al dolor y la muerte.

Decidí traducir *No* porque su lírica transmite la gravedad y la serenidad de una poeta madura y segura de su escritura, y porque depura el estilo y muchos de los temas de sus libros anteriores. A mi entender, *No* es la obra maestra de Idea Vilariño; el libro funciona como una recapitulación de todo lo que había escrito y, además, tiene "el peso de su última palabra", como ha dicho Rosario Peyrou. Los poemas de *No* son de una brevedad y sincretismo sorprendentes, enumerados y sin puntuación. Son también poemas existencialistas y, como el título insinúa, son una negación de la vida, la alegría y el amor. Pero es justamente a partir de esa negación que surge la tenacidad de la voz poética por existir y ser escuchada, como contrapeso del nihilismo. Por todo esto, fue un libro muy difícil de traducir.

Para lograr mi versión en inglés tuve que tomar en cuenta la densidad temática y la musicalidad de cada poema. Creo importante aclarar que uso el posesivo porque toda traducción es el producto de una lectura y, como tal, será siempre un esbozo en otro idioma de lo que la autora quiso decir en el original. La primera versión de la traducción la hice con el poeta venezolano Manuel Fihman. Pasamos seis meses escudriñando el sentido de cada palabra del original para darle un equivalente en inglés. Manuel no pudo seguir acompañándome después de esa primera versión, desgraciadamente, y pasaron varios meses hasta que empecé el proceso de edición. Como primer paso leí cada poema en español en voz alta, e inmediatamente después su versión en inglés, para constatar el sentido y el ritmo que había logrado. Al hacerlo no quedé conforme. Mi siguiente decisión fue pedirle ayuda a un amigo estadounidense, J. Martin Daughtry, que no habla español pero es musicólogo y poeta, dotado de un maravilloso oído musical. El trabajo con Martin fue casi como componer una pieza musical porque quiso escuchar los originales en voz alta para entender el ritmo y el tempo de cada verso y así encontrar una versión similar en inglés. Tras unos seis meses de trabajo, reuniéndonos en un café de Greenwich Village en Nueva York, finalmente quedamos satisfechos con lo que habíamos logrado.

Me siento afortunada de haber traducido a Idea Vilariño, y de haber contado con la colaboración de amigos valiosísimos como Manuel y Martin, porque me parece fundamental que su lírica uruguaya y universal a la vez, tenga más visibilidad en el mundo angloparlante. Traducir sus poemas es el máximo honor que puedo hacerle a Vilariño, que no solamente fue una gran poeta sino que también dedicó muchas horas de su vida a traducir al español a otros grandes escritores. Espero que mi traducción anime a más personas a seguirla estudiando y traduciendo.

1

Ni con delicadeza
ni con cuidado.
Acaso
tiene delicadeza
vivir
romperse el alma.

2

Uno siempre está solo
pero
a veces
está más solo.

3

Podés creer que nada
le sirve nunca
a nadie
para nada.

1

Not with gentleness
nor with care.
Perhaps
there is gentleness
in living
in sweating blood.

2

One is always alone
but
at times
even more alone.

3

Can you believe that nothing
is worth anything
to anyone
at all.

4

Quiénes somos
qué pasa
qué extraña historia es esta
por qué la soportamos
si es a nuestra costa
por qué nos soportamos
por qué hacemos el juego.

5

Alzar los ojos
al misterio abismal de las estrellas
que será a no dudarlo
algo tan sucio
tan mezquino y tan sucio
como esto.

4

Who are we
what is happening
what odd story is this
why do we tolerate it
when it is at our expense
why do we tolerate each other
why do we play the game.

5

To raise the eyes look up
to the vast mystery of the stars
which would no doubt be
something as dirty
as petty and dirty
as this.

6

Noche de soledad
de oscuridad
de noche.
Nada de más
de menos.
Sólo lo justo
eso
lo perfecto
la noche.

7

Cómo olvidarse cómo
desalojar el crudo
recuerdo de la muerte
esa desgarradora memoria
esa herida.
Si es el precio increíble
el altísimo orgullo.

6

Night of loneliness
of darkness
of night.
Not more
not less.
Just right
just so
perfection
night.

7

How to forget how
to dislodge the raw
remembrance of death
that heartrending memory
that wound.
It is the incredible price
pride most high.

8

Es mentira.
Sin duda.
Pero qué
pero cómo
pero de qué otro modo
con qué cara
seguir vivo
seguir.

9

Tuve que ir
sin dudas
sin reproches
sin asco
y entregada
sin nombre
ya sin mí
ya sin nada
poner de buena gana
la cabeza en el tajo.

8

It is a lie.
No doubt.
But what
but how
but how else
what nerve
to stay alive
to stay.

9

I had to go
without doubts
without reproach
without disgust
and surrendered
without a name
thus without myself
thus without anything
to willingly place
my head on the block.

10

Decir no
decir no
atarme al mástil
pero
deseando que el viento lo voltee
que la sirena suba y con los dientes
corte las cuerdas y me arrastre al fondo
diciendo no no no
pero siguiéndola.

11

La vergüenza
el bochorno
de no tener excusas
porque esto esto
maldita sea
esto
es gratuito
gratuito.

10

To say no
to say no
to tie myself to the mast
but
hoping the wind topples it
the mermaid climbs and with her teeth
cuts the ropes and drags me to the depths
saying no no no
but following her.

11

The shame
the embarassment
of being without excuses
because this this
damn it
this
is gratuitous
gratuitous.

12

Por ahora
en lo oscuro
como un perro despierto.
Por ahora.
Después
igual
sin mí
seguirá hacia su fin
la larga historia.

13

La noche más callada
la más quieta
más desplomada entera sobre mí.

14

Sólo esperar que caigan
que se gasten
que pasen
los días
los minutos
los segundos que quedan.

12

For now
in the dark
as a watchful dog.
For now.
Later
all the same
without me
the long story
will continue towards its end.

13

The most silent night
the most still
the most entirely collapsed upon me.

14

Simply waiting for them to fall
to be spent
to pass
the days
the minutes
the seconds that remain.

15

Cada mirada se hurta
cada boca enmudece
cada párpado cae
cada estrella caduca

16

Qué asco
qué vergüenza
este animal ansioso
apegado a la vida.

17

Hablando
respirando
soportando
tomándose el trabajo.

15

Each gaze is stolen
each mouth falls silent
each eyelid drops
each star expires

16

How disgusting
how shameful
this anxious animal
clinging to life.

17

Talking
breathing
enduring
making the effort.

18

Confuso sedimento
sobras
restos
desechos
basura acumulada de los días.

19

Alguno de estos días
se acabarán las bromas
y todo eso
esa farsa
esa juguetería
las marionetas sucias
los payasos
habrán sido la vida.

20

Si los libros no importan
si los otros no importan
si tú si yo no importan
si la dicha no importa
si la vida no importa.

18

Muddled sediment
leftovers
remnants
waste
the days' accumulated garbage.

19

One of these days
the jokes will run out
and all of it
the farce
the rumpus room
the filthy marionettes
the clowns
will have been life.

20

If books do not matter
if others do not matter
if you if I do not matter
if joy does not matter
if life does not matter.

21

Ojos
sos todo ojos
que se van a morir
se están muriendo.
Tus ojos
tus antenas
tus dulces aparatos.

22

Si te murieras tú
y se murieran ellos
y me muriera yo
y el perro
qué limpieza.

21

Eyes
you are nothing but eyes
that are going to die
are dying.
Your eyes
your antennae
your sweet devices.

22

If you were to die
and they were to die
and I were to die
and the dog
how cleansing.

23

Si solos
qué
estemos solos.
Estemos solos
pues
dejémonos de cosas.

24

Y diré que estoy triste
qué otra cosa decir
nada más
que estoy triste.
Estoy triste.
Eso es todo.

23

If alone
what?
Let's be alone.
Let's be alone
then
let's stop playing games.

24

And I will say that I am sad
what else to say
nothing else
that I am sad.
I am sad.
That is all.

25

Estoy
y arrecia el viento
y truena
y llueve
y canta el mar
y estoy aquí
nadie
sin nadie.

26

Quiero morir. No quiero
oír ya más campanas.
Campanas—que metáfora—
o cantos de sirena
o cuentos de hadas
cuentos del tío—vamos.
Simplemente no quiero
no quiero oír más nada.

25

I am
and the wind worsens
and it thunders
and it rains
and the sea sings
and here I am
no one
with no one.

26

I want to die. I do not want
to hear any more bells.
Bells—what a metaphor—
or sirens' songs
or fairy tales
or tall tales—come on.
I simply do not want to
I do not want to hear anything else.

27

Qué gran cosa la vida
qué gran cosa qué don
qué carga qué viaje
de arena gruesa qué
roca de Sisifó
por emplear alguna
aunque mal acentuada
—la métrica la métrica—
metáfora elegante.

28

Ya no tengo
no quiero
tener ya más preguntas
ya no tengo
no quiero
tener ya más respuestas.
Tendría que sentarme en un banquito
y esperar que termine.

27

What a great thing life is
what a great thing what a gift
what a burden what an uphill
battle what a
Sisypheán boulder
to use a
though improperly accented
—the meter the meter—
refined metaphor.

28

I no longer have
I no longer want
to have any more questions
I no longer have
I no longer want
to have any more answers.
I should sit on a stool
and wait for it to end.

29

Que no sirve para nada
ni tiene ni pies ni cabeza
que no quiero
que no acepto
y que no hay obligación
y qué me importa.

30

El reloj

Nada dice el violín
nada la flauta
nada las lanzaderas
rumorosas del agua
ni el mar sonando entero
ni el viento por las ramas.
Tampoco esas porfiadas
patitas sin sosiego
que hace tanto
hace tanto
pisotean el tiempo.

29

It is useless
it makes no sense
I do not want to
I do not accept
and there is no obligation
and what do I care.

30

The Clock

The violin says nothing
the flute nothing
the murmuring spatter
of the water nothing
neither does the whole sea resounding
nor the wind through the branches.
Not even those obstinate
restless little paws
that have for so long
so long
trampled time.

31

Sin arriba ni abajo
sin comienzo ni fin
sin este y sin oeste
sin lados ni costados
y sin centro
sin centro.

32

Qué horror
si hubiera dios
y si esas dos estrellas
pequeñas parpadeantes y gemelas
fueran los dos ojitos
mezquinos
acechantes
malévolos
de dios.

31

No up or down
no beginning or end
no east and no west
no sides or flanks
and no center
no center.

32

How horrible
if there were a god
and if those two
small and twinkling twin stars
were the two little eyes
miserly
stalking
malevolent
of god.

33

La piedra azul
luciente
reluciente del mar
el velo rosa cárdeno
del horizonte limpio
y la masa siniestra de los pinos.

34

No sé quién soy.
Mi nombre
ya no me dice nada.
No sé qué estoy haciendo.
Nada tiene que ver ya más
con nada.
Tampoco yo
tengo que ver con nada.
Digo yo
por decirlo de algún modo.

33

The blue stone
shining
shimmering of the sea
the pink opalescent veil
of the clean horizon
and the sinister mass of the pines.

34

I do not know who I am.
My name
no longer tells me anything.
I do not know what I am doing.
Nothing has to do with anything
anymore.
Neither do I
have to do with anything.
I am saying I
so to speak.

35

Yo

Yo quiero
yo no quiero
yo aguanto
yo me olvido
yo digo no
yo niego
yo digo será inútil
yo dejo
yo desisto
yo quisiera morirme
yo yo yo
yo.
Qué es eso.

35

I

I want
I do not want
I endure
I forget myself
I say no
I deny
I say it will be useless
I abandon
I desist
I would like to die
I I I
I.
What is that.

36

Se cerraron las puertas
sin ruido se cerraron
sonaron las trompetas
o sólo un bocinazo
y nos quedamos fuera
arañando sin fuerzas
dando débiles golpes
con las frágiles uñas doloridas.

37

En el fondo del pozo
oliendo el agua sucia
los miasmas nauseabundos
con la cara pegada
a las últimas heces
sin más remedio que
comerse la resaca
que dejó al retirarse
la espléndida marea.

36

The doors closed
soundlessly they closed
the trumpets sounded
or merely a horn blast
and we were left outside
scratching weakly
giving feeble taps
with fragile sore nails.

37

At the bottom of the well
smelling the dirty water
the nauseating miasmas
face stuck
to the last feces
with no other choice than
to swallow the surge
left by the withdrawal
of the splendid tide.

38

La miel amarga
el cielo blanco
el mar asqueante
el perro
desgarrándome el cuello
y tú
un hacha en la mano
amenazándome.

39

Me cortan las dos manos
los dos brazos
las piernas
me cortan la cabeza.
Que me encuentren.

38

The bitter honey
the white sky
the sickening sea
the dog
tearing out my neck
and you
ax in hand
threatening me.

39

They cut off both my hands
both arms
my legs
they cut off my head.
Let them find me.

40

La metamorfosis

Entonces soy los pinos
soy la arena caliente
soy una brisa suave
un pájaro liviano delirando en el aire
o soy la mar golpeando de noche
soy la noche.
Entonces no soy nadie.

41

Aquel carozo
donde
pujó el árbol entero
ramas hojas y pájaros
gastó
consumió en ellos
su tierno corazón.

40

The Metamorphosis

So I am the pines
I am the hot sand
I am a mild breeze
a delicate bird raving in the air
or I am the sea crashing at night
I am the night.
So I am no one.

41

That acorn
through which
the whole tree pushed
branches leaves and birds
wasted
consumed on them
its tender heart.

42

Llueve a cántaros
llueve
tantos años
que llueve
que en la habitación triste
sin luz
escucho
miro.

43

Como un jazmín liviano
que cae sosteniéndose en el aire
que cae cae
cae.
Y qué va a hacer.

42

It is pouring rain
it rains
so many years
it rains
that in the sad room
without light
I listen
I watch.

43

Like a wispy jasmine blossom
that falls clinging to the air
that falls falls
falls.
What else would it do.

44

Como un perro que aúlla interminable
que aúlla inconsolable
a la luna
a la muerte
a su tan breve vida.
Como un perro.

45

Como el que desvelado
a eso de las cuatro
mira con ojos tristes
a su amante que duerme
descifrando la vieja eterna estafa.

44

Like a dog that howls endlessly
that howls inconsolably
at the moon
at death
at its too brief life.
Like a dog.

45

Like the insomniac
who around four
with sad eyes
gazes at their sleeping lover
unraveling the old eternal scam.

46

Como aquel que se saca los zapatos
y suspira
y se deja caer con ropa y todo
y sin mirar
sin ver
fija en el techo
anchos ojos vacíos.

47

Como un disco acabado
que gira y gira y gira
ya sin música
empecinado y mudo
y olvidado.
Bueno
así.

46

Like someone who takes off their shoes
and sighs
and lets themselves fall clothes and all
and without looking
without seeing
fixes on the ceiling
wide empty eyes.

47

Like a played record
that spins and spins and spins
after the music ends
obstinate and silent
and forgotten.
Well,
like that.

48

Cómo aceptar la falta
de savia
de perfume
de agua
de aire.
Cómo.

49

Uno vive
con los muertos
que están ahí
con los sufrientes vive
y con los despojados
y con los presos
vive.

48

How to accept the lack
of sap
of perfume
of water
of air.
How.

49

We live
with the dead
who are there
with the tormented we live
and with the forsaken
and with the jailed
we live.

50

Pasa se va se pierde
no se detiene
fluye
mana incansablemente
se escapa de las manos
corre vuela a su fin
se desliza
se apaga
se aniquila
se extingue
se deshace
se acaba.

50

It passes it goes it is lost
it does not stop
it flows
it springs tirelessly
slips through the hands
runs flies to its end
it glides
it wanes
it is annihilated
it is extinguished
it is undone
it ends.

51

Epitafio

No abusar de palabras
no prestarle
demasiada atención.
Fue simplemente que
la cosa se acabó.
¿Yo me acabé?
Una fuerza
una pasión honesta y unas ganas
unas vulgares ganas
de seguir.
Fue simplemente eso.

51

Epitaph

To not abuse words
to not pay them
undue attention.
The simple fact was that
it was finished.
Was I finished?
A force
an honest passion and a desire
a vulgar desire
to go on.
It was simply that.

52

Silba y silba
hilo de oro
¿de plata?
silba y silba.
Y los oros la luz
y el sol se van
se van.
Silba feliz.
No sabe.

53

Negro licor.
No.
Barro.

52

It whistles and whistles
The golden thread
(or is it silver?)
whistles and whistles on.
And the gold the light
and the sun leave
they leave.
It whistles happily.
It doesn't know.

53

Black liquor.
No.
Mud.

54

Tanto da
o da tan poco.
Ni me va
ni me viene.

55

Qué queda
dos tres años
cuatro cinco
no más.
Y eso habrá sido
todo.

56

Este papel mi vida

Olvidado
no leído
no abierto
estrujado y al fuego
fugaz incandescencia.

54

It gives so much
or it gives so little.
I don't care one way
or the other.

55

What remains
two three years
four five
no more.
And that will be
all.

56

This page, my life

Forgotten
unread
unopened
crumpled and into the fire
swift incandescence.

57

Tanto que estuve amando
tanto tiempo
tanto que amé
que tuve
y que ya dejo
porque este mundo mío
ya no es mío
porque ahora abandono
y resigno
y me voy
y doy la espalda.

58

Inútil decir más.
Nombrar alcanza.

57

So much time I spent loving
so much time
so much I loved
so much I had
and so much I now leave
because this world of mine
is no longer mine
because I now abandon
and resign
and leave
and turn my back.

58

Useless to say more.
To name is enough.

Recent titles in the Carnegie Mellon Poetry Series

2013
Oregon, Henry Carlile
Selvage, Donna Johnson
At the Autopsy of Vaslav Nijinksy, Bridget Lowe
Silvertone, Dzvinia Orlowsky
Fibonacci Batman: New & Selected Poems (1991–2011), Maureen Seaton
When We Were Cherished, Eve Shelnutt
The Fortunate Era, Arthur Smith
Birds of the Air, David Yezzi

2014
Night Bus to the Afterlife, Peter Cooley
Alexandria, Jasmine Bailey
Dear Gravity, Gregory Djanikian
Pretenders, Jeff Friedman
How I Went Red, Maggie Glover
All That Might Be Done, Samuel Green
Man, Ricardo Pau-Llosa
The Wingless, Cecilia Llompart

2015
The Octopus Game, Nicky Beer
The Voices, Michael Dennis Browne
Domestic Garden, John Hoppenthaler
We Mammals in Hospitable Times, Jynne Dilling Martin
And His Orchestra, Benjamin Paloff
Know Thyself, Joyce Peseroff
cadabra, Dan Rosenberg
The Long Haul, Vern Rutsala
Bartram's Garden, Eleanor Stanford

2016
Something Sinister, Hayan Charara
The Spokes of Venus, Rebecca Morgan Frank
Adult Swim, Heather Hartley
Swastika into Lotus, Richard Katrovas
The Nomenclature of Small Things, Lynn Pedersen
Hundred-Year Wave, Rachel Richardson
Where Are We in This Story, Sarah Rosenblatt
Inside Job, John Skoyles
Suddenly It's Evening: Selected Poems, John Skoyles

2017
Disappeared, Jasmine V. Bailey
Custody of the Eyes, Kimberly Burwick
Dream of the Gone-From City, Barbara Edelman
Sometimes We're All Living in a Foreign Country, Rebecca Morgan Frank
Rowing with Wings, James Harms
Windthrow, K. A. Hays
We Were Once Here, Michael McFee
Kingdom, Joseph Millar
The Histories, Jason Whitmarsh

2018
World Without Finishing, Peter Cooley
May Is an Island, Jonathan Johnson
The End of Spectacle, Virginia Konchan
Big Windows, Lauren Moseley
Bad Harvest, Dzvinia Orlowsky
The Turning, Ricardo Pau-Llosa
Immortal Village, Kathryn Rhett
No Beautiful, Anne Marie Rooney
Last City, Brian Sneeden
Imaginal Marriage, Eleanor Stanford
Black Sea, David Yezzi

2019
The Complaints, W. S. Di Piero
Brightword, Kimberly Burwick
Ordinary Chaos, Kimberly Kruge
Blue Flame, Emily Pettit
Afterswarm, Margot Schilpp

2020
Build Me a Boat: Words for Music 1968–2018, Michael Dennis Browne
Sojourners of the In-Between, Gregory Djanikian
The Marksman, Jeff Friedman
Disturbing the Light, Samuel Green
Any God Will Do, Virginia Konchan
My Second Work, Bridget Lowe
Flourish, Dora Malech
Petition, Joyce Peseroff
Take Nothing, Deborah Pope

2021
The One Certain Thing, Peter Cooley
The Knives We Need, Nava EtShalom
Oh You Robot Saints!, Rebecca Morgan Frank
Dark Harvest: New & Selected Poems, 2001–2020, Joseph Millar
Glorious Veils of Diane, Rainie Oet
Yes and No, John Skoyles

2022
Out Beyond the Land, Kimberly Burwick
All the Hanging Wrenches, Barbara Edelman
Anthropocene Lullaby, K. A. Hays
The Woman with a Cat on Her Shoulder, Richard Katrovas
Bel Canto, Virginia Konchan
There's Something They're Not Telling Us, Kimberly Kruge

A Long Time to Be Gone, Michael McFee
Bassinet, Dan Rosenberg

2023
Night Wing over Metropolitan Area, John Hoppenthaler
Phone Ringing in a Dark House, Rolly Kent
Fleeing Actium, Ricardo Pau-Llosa
Approximate Body, Danielle Pieratti
Wild Liar, Deborah Pope
Joy Ride, Ron Slate
That Other Life, Joyce Sutphen
Sonnets with Two Torches and One Cliff, Robert Thomas

2024
Accounting for the Dark, Peter Cooley
Shine, Joseph Millar
Those Absences Now Closest, Dzvinia Orlowsky
Blue Yodel, Eleanor Stanford
Her Breath on the Window, Karenmaria Subach
Museum of the Soon to Depart, Andy Young

2025
Just About Anything: New and Selected Poems, Jonathan Aaron
The End of the Clockwork Universe, Fleda Brown
Goat-Footed Gods, Kathleen Driskell
Pine, Jonathan Johnson
Requiem, Virginia Konchan
Angel Sharpening Its Beak, Michael McGriff
Trying x Trying, Dora Malech
Markers and Shrines, Margot Schilpp